AF590572

Paul Lechesne

L'Indochine Seconde

Régions Moïs

(Kontoum--Darlac)

Février 1924

Imprimerie de Quinhon
QUINHON (Annam)
1924

L'Indochine seconde

La question « Sauvage », — et de notre Indochine seconde, est à l'ordre du jour, avec l'accès déjà presque facile, amélioré bientôt, de nos hauts plateaux (500 à 800 mètres) d'arrière-pays annamite. Les régions de Kontoum et du Darlac (Ban mé thuot) offrent à l'exploitation et à la colonisation, dès maintenant, environ 50.000 kilomètres carrés, que des extensions naturelles, progressives, au Nord, au Sud, et du côté du Laos, ou du Cambodge, dans des zones encore insoumises, porteront bientôt jusqu'au double, c'est-à-dire au septième du total superficiaire indochinois. Le rayonnement concentrique, en tache d'huile, est à Kontoum, ou plutôt 50 kilomètres environ sous ce centre, au plateau de l'Ayoum (800 mètres), qui donne les vues les plus étendues sur un panorama rempli d'espérances. En cet endroit le climat, la terre, les pâturages, les bestiaux tels qu'en France (de robes et de santé), tout encourage si bien, que les colons arrivent, qui, prochainement, auront confisqué 20.000 hectares pour le progrès français.

Et les routes, vers Chéo Réo (70 kil. sous Plei Kou) vers Bokham et la Sésane (Cambodge) assurent déjà des pénétrations nouvelles vers l'est et l'ouest. Ces routes, en terre sans empierrement, s'allongent merveilleusement, si roulantes en saison sèche, qu'on ne s'imagine pas volontiers que les pluies en suppriment en quelque sorte l'usage, du moins pour les voitures et charrettes, pendant six mois de l'année. Le travail n'en est pas moins beau, tout à l'honneur des résidents et de la main d'œuvre moï. Il n'y a pas d'ouvrages d'art grâce aux détours, mais la pleine et rectiligne lancée des servives techniques spéciaux n'en rencontrerait pas beaucoup ni d'importants, du moins dans nos zones occupées. Les choses étant telles, je remarque l'intérêt, même si on empierrait certaines sections, d'utiliser, en le respectant, le tapis de gazon court qui donne un joli roulement sans boue. Ce serait une économie, en attendant (oh! longtemps encore!) les plate-formes définitives. Le mot d'ordre doit être d'abord beaucoup de routes, qui sont de la police, de la sécurité, et la reconnaissance des valeurs possibles à exploiter.

L'opinion des gens « d'en bas » n'est cependant pas encore orientée de façon sûre quant aux circonstances et aux éventualités de ce grand effort administratif et colonisateur. Il arrive qu'on parle des « sauvages » comme d'êtres négligeables, ou propres-à-rien, — voire même à supprimer, — (un dixième de la population de l'Annam!) sans établir les distinctions nécessaires entre les tribus très-variées, d'origine, de situation, et de complexion, avec lesquelles s'établit nôtre contact. Or il s'agit, globalement, pour ces seules régions, de 300.000 êtres humains.(Djiring en ajoute 50.000, Dalat 5.000, le Quangngai 120.000, et les autres provinces du Sud 25.000).

Une première vérité qu'il convient de poser, c'est que la population, extra-règlementaire de l'Indochine et dans ses cinq parties, s'élève à 1.200.000 individus au moins, soit à bien plus du vingtième du total général. Les appellations varient avec les pays de l'Union et les races, — Moïs, Khas, Mnongs, Méos, Pnons (et les Chams s'ajoutent, 10.000 peut-être), tout cela comportant encore beaucoup de subdivisions. La condition générale du bloc « Sauvage », c'est qu'il échappe encore plus ou moins à notre emprise administrative, même à notre géographie..., totalement à notre sympathie.

Nous voulons pour le moment considérer en les isolant les deux pays de Kontoum et du Darlac, c'est-à-dire les Moïs agglomérés entre le revers ouest de la chaîne annamitique et les plaines accueillantes du Laos ou du Cambodge Nord, et de la Cochinchine Septentrionale enforestée.

Cette étude nous place essentiellement en face des tribus

Bahnar (50.000) enveloppant Kontoum,

et Rhadé, (60.000) dont le centre est Ban mé thuot.

Hors ces deux groupes, principaux parceque nous les avons en main, il faut citer

les Sédang — au Nord du Kontoum et en arrière du Quangngai et du Quangnam (15.000. ??)

les Djaraïs — 140.000 au centre du Domaine, à cheval sur la frontière des deux provinces, mais plutôt à l'est,

les B'dangs — Chasseurs d'éléphants qui chevauchent à l'ouest les limites du Cambodge autour de Ban Don, (variété de Mnongs)

enfin les Mnongs (30.000) qui tiennent les forêts du Sud du Darlac, en approchant, et débordant par en bas, l'énorme massif du Lang Biang sur son arrière d'ouest.

Sédangs, Djaraïs, Mnongs, — sans parler des sous-tribus nombreuses qui se rattachent encore à eux, — sont à considérer comme extérieurs à notre influence, et même comme des insoumis plus ou moins méchants, et dangereux. Leur incompréhension des Blancs (sinon leur traîtrise) s'est manifestée déjá trop souvent par des assassinats déplorables. Il suffit de citer les noms d'Odend'hal, Paris, Henri Maître, pour comprendre le mérite des précurseurs de notre influence, et les précautions qu'il convient de maintenir encore. En fait, l appui de postes de milice reste très-opportun pour toutes nos entreprises d'exploitation quelconque. Ce qui ne dispensera pas les « Colons » d'agir avec tact, et dans un sentiment exact des mentalités superstitieuses, fanatiques parfois, auxquelles ils s'affrontent.

Le grand avantage du Kontoum Nord, — avantage mitigé par le voisinage des Sédangs guerriers, — c'est que se bloquent là 20.000 Bahnars catholiques, de ce seul fait plus maniables, « apprivoisés » depuis plusieurs générations déjà.

Le Gouverneur Général, Mr Merlin, au dernier Conseil de Gouvernement, a donné une appréciation qu'il est bon de recueillir avant d'aller plus avant :

« A l'intérieur, notre action organisatrice se poursuit dans « la paix laborieuse des populations... Si bien que, progressi- « vement, elle s'étend à des territoires où jusqu'à présent notre « œuvre de pénétration ne s'était fait sentir que d'une façon « sporadique et sans méthode. C'est ainsi que sous l'impulsion « des distingués chefs d'Administration locale de la Cochin- « chine et de l'Annam, le pays Moï s'ouvre de plus en plus et « se discipline progressivement. Particulièrement l'Annam « décolle, peut-on dire, de la côte pour s'intéresser aux hautes « vallées de l'intérieur. Je ne saurais trop louer ces hauts « fonctionnaires de leur initiative qui est de nature à accroître « l'aire productive des pays qu'ils administrent et à nous assurer « le concours de populations particulièrement vigoureuses. »

On peut dire arbitraire plutôt le rattachement à l'Annam de la Région Moï, qui pourrait aussi bien, mieux peut-être, géographiquement, dépendre du Laos, par Attopeu (comme il en fut de Kontoum autrefois) ;

— du Cambodge, par la Sésane et par le pays de Ban Don (Darlac) ;

— enfin de la Cochinchine, au contact de Budop et du Haut Donnaï. Du Nord au Sud, l'axe médian mesure au moins 500 kilomètres, sur une largeur de 100 kilomètres, et plus, d'est en ouest. Du plateau de l'Ayoum, dégagé à perte de vue, l'horizon, qui s'abaisse doucement, donne une impression garandiose, telle que touchant l'infini, surtout vers le Cambodge. Cette aire incalculable, où serpente joliment (Kontoum) la Sésane, déjà forte, avant d'aller, au Cambodge, rejoindre la Srépok, et le Mékhong à Stungtreng, présente cependant à ses extrémités Nord et Sud des parties de belle forêt, malgré les incendies continuels, aussi bien accidentels que systématiques, des Moïs. — Et les arbres se tordent en torches multicolores au crépuscule, chauffant le voyageur qui longe, ou traverse, ces fournaises, en augmentant l'allure de l'auto.

Les Moïs font en effet la culture de rays, c'est-à-dire qu'hostiles, rituellement, au labourage, ils provoquent, aux endroits jugés favorables, la fertilité du sol ainsi dégagé, et l'épuisent à peu près en deux ou trois ans de semis sommaires. — Après quoi, créant de nouvelles clairières, plus ou moins voisines, ils y transportent leurs demeures, sortes de cabanes proprettes, souvent de 2 m. sur 1 m. environ, hautes de 1 m. à peu près sur poutres (bambous et paillottes), qui rappellent beaucoup, silhouette et dimension, les cabines roulantes des bergers de France.

Le mode « Sauvage » de vivre, trop invétéré pour qu'on puisse en envisager le terme avant bien longtemps, exige d'énormes surfaces pour des groupements familiaux relativement peu nombreux. Le cycle des déplacements, avec retour, au bout d'une vingtaine d'années, sur un carré de forêt reconstitué, — c'est-à-dire refertilisé, — permet de dire qu'une tribu de cent personnes a besoin d'une dizaine de clairières de 20 hectares, non contiguës, car les dépressions près des ruisseaux, et mieux en fraîcheur, sont préférées. Il est facile de calculer ainsi ce qu'il faut de terres, et des meilleures (grande forêt) à toute une race de 300.000 êtres. Cela nous place devant 600.000 hectares environ, qui seraient la réserve à leur laisser, en bienveillance totale, du moment qu'on ne peut prétendre, avant bien longtemps, les fixer au sol, les mettre en agglomérations stables, sauf de façon relative, à la proportion d'un dixième par exemple. Les exterminer serait une solution qu'on ne peut considérer, et qu'ils ne méritent pas, ces autochtones, ou malayo polynésiens en général mieux bâtis, plus vigoureux que des Annamites.

Et cette vigueur peut être, politiquement, militairement,

escomptée, dans les temps futurs, d'adaptation plus parfaite. Les Anglais ont dans l'Inde leurs Sihks et leurs Gourkas, différents des autres races, indifférents et séparés de par leur mentalité et leur religion. Il n'est pas défendu de penser que l'amour et la reconnaissance de nos sujets pourraient avoir besoin, quelque jour, d'être encadrés par des forces de police non solidaires de leurs sentiments.

J'ai déjà indiqué que de fort grands plateaux déforestés, — province du Kontoum Central et Sud, — offrent, comme à Plei Kou (plateau de l'Ayoum), des sols fertiles et doués de ruisseaux, des pâturages intéressants. Mais, d'une façon générale, toute zone où ne subsistent plus, çá et là, des campements moïs est à juger telle qu'infertile, du moins épuisée, négligeable en principe, comme déclassée, et sa dénudation n'offrirait alors qu'en duperie plutôt les avantages de prompte et économique culture qu'on s'imagine trop volontiers. De même que certaines végétations, — arbres de belle venue, et de haute futaie, fougère, grands bambous, — révèlent de façon sûre les qualités naturelles d'un sol, de même la présence des Moïs sur une terre plus ou moins dégagée signifie l'intérêt que peut avoir encore celle-ci. Mais peut-on songer, aussi bien « humainement » que politiquement (quels contre-coups ?) à déposséder largement les Moïs ?...Il y en a de très-guerriers. Et la vengeance est chez eux à longue, implacable, échéance. Les Djaraïs, mal soumis et le groupe le plus important, occupent précisément, ou cotoient, le centre, tout en plateaux, qu'on convoite maintenant.

La conséquence de ce que je viens d'exposer c'est que notre colonisation française, — grandes cultures d'un seul tenant, — élevages (bœufs et moutons) — ne trouve pas, a priori, devant elle l'infini séducteur et généreux, qu'on s'imagine, de disponibilités très-intéressantes. — La tendance est bien aussi de ne pas s'attaquer aux grandes forêts, dont le dessouchage est dispendieux, même avec les machines complétant le procédé moï du feu. Et de telles forêts, à terre rouge profonde, que resterait-il à prendre sans se mettre en guerre d'embuscades avec les exploitants séculaires ? Les surfaces dénudées, de l'aveu de gens compétents, vivant dans le pays, vous jettent en grand risque d'une exigence énorme d'engrais, pour être reconstituées, régénérées. Alors il faut de nombreux troupeaux, et toute une organisation d'étables pour obtenir le fumier de ferme. Des engrais chimiques, des phosphates, sont-ils permis à de telles distances de débarquement, avec de telles routes d'approche ? Je n'ai rien dit des parties de territoires très-étendues, — un dixième au moins du total moï, — qui sont, surtout dans le Darlac, en forêts clairières, celles-ci toutes semblables à celles du Cambodge. — Ces zones sont désertes, ne retiennent pas les autochtones, ce qui marque leur ingratitude culturale. Ce sont terrains de chasse simplement. Généralement elles sont caillouteuses, truffées de grès plus ou moins enterrés, infiltrées d'eau lors des pluies d'une façon désastreuse. Leur végétation rabougrie et de méprisables essences, leur tapis de paillotte drue ou d'herbes desséchées, sont un avertissement suffisant. A cinquante kilomètres au Sud de Ban mé thuot, autour du joli lac, est tout un pays de marécages, où les éléphants et les gibiers variés se plaisent davantage que l'homme.

Nous ne sommes donc pas comme on pourrait le croire, et surtout au Darlac, devant une offre copieuse d'un Eldorado agricole. La limite de l'occupation avantageuse, donc de l'enthousiasme raisonnable, peut être assez vite atteinte. — Et il y a à tenir compte aussi de la sécurité liée au voisinage relatif des postes militaires. — Si, surtout au Kontoum, le climat favorable, tempéré, (500 à 800 mètres d'altitude) attire et séduit, aide certaines cultures exotiques (café, thé), et même d'Europe (à essayer), les risques du sol en certains endroits, et des Moïs un peu partout, sans insister sur la main d'œuvre rare, doivent retenir les trop prompts engoûments. Cela aide à comprendre la réponse du Résident Supérieur à mes compliments sur l'élan premier de la Colonisation : « Oui, sans doute, — mais je trouve même qu'on va déjà un peu fort. »

Il est certain qu'il y a des responsabilités grandissantes pour lesquelles l'Administration doit être prête et parée : les deux cadences doivent coucorder, de montée de colons, et d'accueil officiel.

Mr Desloges, entrepreneur à Quinhon, — inaugure un vaste élevage à Plei Kou, auprès du poste de milice et du carrefour des routes Sud, Nord, Est, Ouest. Il va sans doute aussi planter du café, (mais, arabica, il faudra le mettre un peu ombragé.) — Mr Pagès, de Quinhon aussi, au peu plus au Nord sur le même plateau de l'Ayoum, et encore sur les collines appuyant la haute descente vers Chéo Réo (70 kil.) et le Song Ba (Song da Rang), dans le Phu-Yên, possède également d'heureux pâturages. — Ces deux précurseurs semblent, comme il est naturel, avoir pris la plus belle part, qualité des terres et situation. La question est de savoir si l'on pourrait féliciter de même Mr Grammont, d'avoir demandé la concession très-grande (15.000 hectares) des plaines dénudées, désertiques de Plei pan, qui enveloppent, un peu au Sud-Est de Plei Kou, le mont Chodon, sorte d'écran royal à la façon de celui de Hué, isolé, arrondi et qu'un petit bouquet de forêt décore à sa corne de Sud-Ouest. Les plaines en cet endroit atteignent jusqu'à 900 mètres, — le haut du mamelon 1.200. — C'est séduisant comme facilités d'aménagement et d'utilisation des machines, aussi pour une habitation, belvédère sur d'infinis panoramas, et de ventilation parfaite, excessive peut-être. Mais la terre, que vaut-elle ? J'ai entendu déprécier sa chimie. — Aucun Moï par là. Il faut une analyse très sèrieuse.

Ce grand territoire de Plei pan rejoint au Sud-Est en contre-bas, la zone Djaraï dépendant du Sadet de l'Eau. On pourrait avoir un meilleur voisin. Il est vrai que le Résident de Ban mé thuot, Mr Sabatier, par une visite courageuse, parce que très-risquée, qu'il a faite à cet astucieux Djarai, l'a persuadé d'entrer un peu sous notre influence. Mais c'est si précaire, et Ban mé thuot est si loin ! Le secours serait d'ailleurs à Plei Kou, distant de quelques kilomètres.

Toutes ces terres dépendent de Kontoum. — La rentrée en végétation triste de forêt clairière se fait plus bas, au poste ancien, c'est-à-dire abandonné, de Ban tour. Et le Darlac commeuce près de là, à 150 kilomètres de son chef-lieu, Ban mé thuot. La route, supprimant tous les travaux d'art, décrit un maximum de sinuosités dans tous les sens y compris l'arrière, — d'où 30 °/₀ peut-être d'allongement occasionnel. Elle a été créée dans un but administratif tout simplement, au temps où Ban mé thuot était une délégation rattachée au Kontoum. Or, quand on enteud Mr Sabatier, quand on voit ses sauvages Rhadés, plus fins, plus élégants, plus clairs de peau que les Bahnars de Kontoum et les Djaraïs d'un peu partout (et les femmes jolies), on comprend que le Darlac peut prétendre à une personnalité distincte. Cette personnalité est bien aussi en partie l'œuvre du résident Sabatier. Cela ne le rend pas moins sympathique, ni moins respectable. Mais un problème est ainsi posé devant nous, qu'il faudrait mettre au point d'urgence.

Deux hommes, de caractère formel, placent justement devant nous les deux méthodes de colonisation pour ces pays Moïs (Kontoum-Darlac), constituant un bloc ethnique estimé de 300.000 âmes, et environ le dixième en surface de l'Indo-Chine entière.

A Kontoum, Mr Fournier, administrateur de 1ère classe près de la retraite, — tel qu'en mission pour quelques années, — exaspère son activité, transporte sur ce terrain nouveau l'expérience acquise en Cochinchine, — à Thudaumot en dernier lieu, devant les grandes entreprises culturales. — Kontoum le place d'abord devant 20.000 moïs catholiques, reliés à la Mission, soumis à l'influence de celle-ci, plus que cinquantenaire déjà, — groupés à peu près autour d'elle, dans un rayon de quinze kilomètres.

Les Pères sont des bienfaiteurs Français trop méconnus, et je restais stupéfait, récemment, en voyant une relation sur les pays Moïs affirmer que les Administrateurs ont seuls, et premiers, obtenu les résultats appréciables qu'on constate maintenant. La vérité lumineuse, c'est que sans les Pères, notamment Vialleton, Guerlach, rien n'aurait été préparé, rien n'aurait pu naître et grandir, en ce qui concerne l'emprise d'à présent. Il n'est pas nécessaire d'aimer le catholicisme pour reconnaître cela : il suffit d'être honnête et juste. Et cette fois la morale plus douce, les mœurs sédentaires, les superstitions déprimantes écartées, la charrue apprise, sont des résultats qui signifient : main d'œuvre et bons services facilités pour tous les Français qui viendront poser de ce côté un effort compétent, persévérant, et suffisamment fortuné. Mr Fournier, actif et circulant, grand chasseur au surplus, — aime déclarer qu'il a perdu, — sa carrière finie d'ailleurs, tout souci officiel et de bureaucrate pour ne s'appliquer qu'aux points de vue économiques, d'un seul mot à la Colonisation. Toutes ses études, ses recherches, ses rattachements jusqu'en France, ses rapports plus ou moins techniques et financiers, n'ont pas d'autre objet. Il est un initiateur du capital, qui veut ouvrir les voies du progrès, et qui pour cela pousse à outrance les les avancées de routes, artères de la vie rêvée. Bravo ! Un état d'âme aussi exceptionnel et conscient, chez un fonctionnaire, est bien sympathique. Le seul risque est que le désir de réaliser n'entraîne trop vite et trop loin, ne rende optimiste au delà du « peut-être » que toute entreprise nouvelle, très-nouvelle, comporte. Des précautions restent nécessaires toujours. Et je comprends bien qu'aux bases, intéressantes déjà, que Mr Fournier peut offrir, et définir, des vérifications très-sérieuses, et techniques, s'appliqueront encore opportunément. Quoi qu'il en soit le Résident évalue à 200.000 hectares les terres dégagées qui s'offrent dès maintenant, favorables à la culture du coton. Une telle surface installée de la sorte (il faudrait compter 4 ou 5 ans) peut donner [illegible]0.000 tonnes de coton brut non égrené. Cela doublerait déjà ce que la France reçoit de ses colonies et n'atteindrait encore que le quart à peine de la quantité nécessaire à nos industries métropolitaines. Pour le café il préconise, avec raison, la zone forestière, immense, indéfinie, qui commence au Nord de Kontoum.

L'Œuvre d'Etat, logiquement, s'impose, (avec des terres un climat, et des saisons, autres qu'en bas), de rechercher toutes les adaptations réciproques, de l'ambiance, et des cultures. Des acclimatements sont préférables à d'autres, après expériences. Le risque des insectes, des chenilles, des champignons, entre en ligne aussi dans les essais calculés, surveillés de près. Et toute organisation scientifique aussi complexe ne peut être qu'officielle : le temps, l'esprit de suite, le budget suffisant à de telles fins, l'autorité des contrôles et des propagandes, le dévoûment tranquille des agents, ne peuvent être du côté des particuliers, si progressistes que soient ceux-ci — Des Sociétés puissantes sont en meilleure situation évidemment que des Français isolés, mais n'ont pas moins besoin, à leur début, du soulagement de tel concours. Et la solidarité d'intérêts est si évidente, entre la science officielle et les réalisations définitives par les particuliers, que la question ne se pose même pas de savoir si telle dépense, de laboratoire et d'expériences, est trop forte pour être acceptée bien vite.

Le détachement que montre Mr Fournier des contingences administratives fait qu'il ne s'inquiète aucunement de gêner ou ralentir l'endosmôse annamite, inaugurée d'ailleurs depuis longtemps déjà par les Missionnaires, sans que personne semble se mal trouver du contact, car il y a contact plutôt que mélange en la circonstance.

Kontoum, que contourne la graciense Sésane, —Cambodgienne bien loin de chez elle, — avec ses bancs sableux découverts, qui sont cultivés, — son cours assez large, et intéressant déjà, malgré la baisse extrême des eaux en fin février, — Kontoum apparaît comme une ville trop grandement tracée. La Résidence, auprès du bac, sur l'angle du plateau, en est la tête plutôt que le cœur. Les grands établissements de la Mission, (Collège, — une vaste pittoresque maison à la française, — église cathédrale avec intérieur de bois superbes), sont le premier départ de tout, font le milieu de la grande rue, ou plutôt route, « de Paris » (baptême singulier, aboli depuis par une nouvelle dénomination « Jules Guénot »). Cette route a bien trois kilomètres de long, et date d'avant l'Administration établie. Des agglomérations annamites, — des groupes de cabanes moïs à toits de chaume en immenses bonnets de police (10 mètres peut-être, et les villages « païens » à part, — tout cela s'étend en plat, coupé de larges voies, dénommées aussi déjà, en verdures plutôt qu'apparemment habitées. Et il y a sans doute là, quand même, 10.000 à 12.000 habitants, Les Annamites (8.000) s'occupent de cultures, de transports et de convois à charrettes vers la côte, de commerces variés. Cela ne veut pas dire forcément qu'ils soient exploiteurs abusifs des pauvres et naïfs « Sauvages . D'ailleurs la morale chrétienne, des deux côtés, s'y opposerait peut-être ? En tout cas, la crainte de vengeances, que la conversion au catholicisme ne retiendrait guère du côté Moï, est encore un frein dont on peut parler sans être ridicule. Et je garde le sentiment que tout apparaît aussi bien tassé que possible du fait de la combinaison des races, ancienne déjà, habilement dirigée par les Pères, sur ce point excentrique, — longtemps « en l'air », — de notre domaine français. Mr Fournier, qui est un économiste d'abord, ne se plaint de rien. Les jaunes seraient plutôt les entraîneurs des bruns (ou cuivrés) Bahnars et Sédangs vers un modernisme raisonnable — Quel est le progrès, au surplus, qui ne se paye de quelques victimes ? Et il ne s'agit pas de l'asphixie lente, de la consomption, imposées aux derniers Peaux Rouges d'Amérique — (300.000 êtres pour le moins sont en cause).

Ces considérations libérales prennent leur importance quand on a entendu Mr Sabatier, résident du Darlac, à Ban mé thuot (village du Père Thuot) qui soutient passionnément une thèse toute contraire. Pour lui, l'ennemi c'est l'étranger, le non-moï, qu'il soit Annamite, Chinois, ou même Français. Le Rhadé doit rester maître sur sa terre, sans alliage et sans alliance. Et quand je dis Rhadé, — parce que cette grande tribu, malayo polynésienne, apparait plus fine et mieux douée, apprivoisée notablement, — cela signifie toutes les autres tribus encore, même les insoumises de l'indéfini Darlac, Il y en a tout de même, les Mnongs par exemple, de trop inférieures, à première vue.

D'une façon générale, les Rhadés sont aussi clairs de peau que les Annamites, souvent plus pâles que des Cambodgiens, — très-éloignés des teintes bronze, cuivre oxydé, matelote d'anguille, et même brun noir, que nous font constater bien des rencontres de coins des bois depuis le Nord Bahnar, d'un modèle assez négroïde. Et les pauvres Moïs de Dalat, Djiring, et d'arrière Phantiet, rabougris, sales, miséreux, sont souvent plus gorillesques, hommes et femmes, qu'il ne faudrait. A Ban mé thuot les traits sont réguliers, plutôt fins, sans épatement, ni bridage des yeux ; le glabre absolu des épidermes nets « fait statues », comme dans l'Inde. Le costume va vers l'élégance et la recherche, tout en restant simplifié, puisque les jambes et les cuisses, et l'arrière, restent à l'air, sous la ceinture et l'étroit bandeau qu'accroche celle-ci d'avant et de siège, ou d'avant seulement. Le buste, quand on est élégant, s'orne d'une sorte de boléro décolleté, noir à décor de broderies ou d'empiècements d'un rouge vif, formant brandebourgs. — Un turban noir. Les femmes, sveltes, assez grandes, la poitrine bien faite, ne cachent rien du torse quand elles sont à la maison et sur les terrasses d'avant pilonnant le riz. Quand elles circulent, turbannées de noir, elles sont drapées davantage et même souvent d'étroite manière qui en fait des Tanagras sombres. La jupe longue, s'ouvre alors à chaque pas sur toute le jambe et la cuisse gauche qui, apparaissent ainsi bien modelées, légères comme celles de Diane, et d'un ton d'ivoire. C'est très bien ! Nos Dames du Directoire n'obtenaient pas mieux comme effet ni suggestion.

Mr Sabatier estime que son pays a une personnalité à sauver et à affirmer, — qu'il mérite de venir, lui sixième, dans le groupe de l'Union Indochinoise. C'est voir un peu grand, pour une sorte de Suisse, mais c'est si sincèrement exposé par un véritable apôtre, qui s'est fait Rhadé lui-même, pour être plus sûr de n'être pas trop exclusivement Français.

Sa force de persuasion a été assez grande pour que Mr. Pasquier, le Résident Supérieur, aît pris, en Juillet 1923, l'arrêté qui fait une zône réservée, fermée, contrôlée comme en état de siège, de toute cette partie de la Région Moï. — Fort bien ! les Rhadés, en attendant d'autres éléments ethniques, vont progresser entre eux en instruction, en capacités, en sagesse, en commerce ...... Et là je m'arrête ... Le commerce ayant malgré tout, suivant Vauvenargues « la tromperie comme âme » nos bons Moïs nos Moïs améliorés améliorés, seront-ils incapables d'abus, d'exploitations regrettables, d'accaparements ? Sortis peu à peu de la Nature, — c'est-à-dire de la Forêt, — n'acquerront-ils pas lentement, — et sans contrepoids, sans le modérateur qu'est la concurrence, — ces défauts que les Villes, et le mercantisme, et les occasions, et l'enrichissement, rendent inévitables ? Ils ne sont d'ailleurs, ces défauts, qu'une des formes salutaires de la lutte pour la vie, et de l'échange des richesses. Cet âge ne s'annonce pas encore, mais il viendra. Et Mr Sabatier ne peut l'abolir dans le meilleur avenir possible de son œuvre, qu'il ne sera d'ailleurs plus là pour diriger, n'étant pas immortel.

Là est l'effrayant, le déconcertant, de la situation du Darlac. Un homme solitaire, exalté de ses idées, — apostolique, — qui depuis près de dix ans vit son rêve, et le réalise, — parlant directement sans interprète, à « son peuple », — juge patriarcal, sur sa vérandah, comme l'était Saint-Louis, sous son chêne ; — qui a inventé et rendu scolaire une langue écrite rhadé, — qui va jusqu'à recréer une âme, une tradition légendaire, un art de théâtre et de danse, pour ses jolis « tout nus », — dont les soldats vigoureux manœuvrent superbement, sur commandements français, avec le seul préjudice esthétique d'être un peu trop vêtus (noirs ou khakis), — dont les élèves, au nombre de 200 au moins, font de charmants et plastiques exercices d'ensemble, allant jusqu'à la course sur les mains têtes en bas (athlétisme complet), — que le Sadet de l'Eau (un mauvais sournois) ménage et respecte, — que les chasseurs d'éléphants de Ban Don (région frontière douteuse quant à la soumission, — 40 kil. au N. O.) viennent, (je les ai vus), courtoisement saluer avec 60 énormes bêtes, mono ou bi-dentées, avant de se mettre en chasse (plus de 100.000 piastres de pachydermes d'élite ! qui vont s'en adjoindre pour une valeur de 15.000 ou 10.000, à dresser) cet homme, préoccupé des lois, des coutumes, en particulier du matriarcat, en honneur chez ses protégés, — qui refuse à un de ceux-ci l'autorisation de vendre $ 1.800, à un rusé Siamois (qui est là aussi), une bête qui vaut sans doute $ 2.000. (« Et au surplus, où est l'autorisation de Madame » ?) — qui se prive d'avoir un boy ou un cuisinier d'Annam ; pour (dût-il en souffrir dans son service, e il en souffre !) ne pas mettre le ver dans le fruit, — cet homme absolu comme un prophète, inexorable comme un voyant autoritaire comme Napoléon, — cet homme va t'il être u simple utopiste ? N'aura t'il mieux protégé, isolé, ses cher Moïs, (ses Tahitiens), que pour une chute plus douloureus et plus profonde dans le statut commun, adultéré, de l'ambian ce ? Il faudrait ne pas s'en aller, il faudrait ne pas mourir, pou qu'une telle œuvre aît un lendemain, prenne son élan définitif, et s'impose au Temps.... Un simple glissement vers le Sud du méritant et compétent Mr Fournier, — qui ouvre tout, — et c'en serait fait..... dans les meilleures conditions du monde. L'exception tomberait sous la règle ! Ah ! que tout est donc relatif ! (Transiit benefaciendo ... pretereaque nihil !)

Du moins, puisque le Résident Supérieur a compris, jusqu'à vouloir (son arrêté-ceinture le prouve) l'essai loyal d'un tel système de régénération Moï en vase clos, un tel effort dans le « far da se » homogène, — pourquoi n'achève-t'il pas le raisonnement qui s'impose ?

Des élèves Français, qui seront des disciples, en même temps que des successeurs éventuels, — doivent être mis d'urgence auprès de Mr Sabatier. Sortant, si l'on veut, tout jeunes encore, de l'Ecole Coloniale, — en tout cas sans formule acquise, sans imprégnation quelconque, — cires molles et bénévolentes, prêtes pour que s'y pétrisse d'une main fervente un nouveau visage d'humanité, exempte de mercantisme, et de ces considérations économiques auxquelles Mr Fournier se soumet, au contraire, avec dilection et prédilection, sur un terrain différent, il est vrai.

Quelques-uns vont crier : « Mais c'est Salente, votre Ban mé thuot ! Dangereuse utopie ! » — N'exagérons rien. Soyons conséquents avec nous-mêmes. Laissons finir, et bien finir, ce qu'on a permis de bien commencer. — En admettant même que ce soit une expérience, une petite course au quasi-royaume d'Utopie, cela est curieux, sypathique, et ne fait de mal à personne. Que l'œuvre de Mr « Fénelon » Sabatier, (qui est d'ailleurs aussi un réacteur contre un passé pas bien joli) soit donc sauvée, — qu'on lui donne un lendemain préservé, garanti, — qu'elle évolue, sans interprètes annamites, sans commerçants ni colons de l'extérieur ... Un seul Français à Ban mé thuot suffit, associé à l'Œuvre, vendant tranquillement les choses souhaitées, achetant les quelques produits (peaux, cornes, cire), présents de la chasse ou de la Forêt. On peut douter qu'il y aît place pour la concurrence avant longtemps.

Aux gens pratiques,] et « budgétaires » qui veulent des réalités, il est bon, au surplus, de dire déjà (le défilé d'éléphants de plus de $ 100.000... !) que ce Darlac, dont on tirait péniblement $ 4.000 — de recettes fiscales avant son actuel « Sadet » blanc, rapporte à présent $ 35.000 —, que la Résidence Supérieure a la sagesse de lui rendre en crédits, dont bénéficie le progrès social..... Alors il ne sagit pas de Fénelon, rêveur, — mais de Lycurgue, positif.

De nouvelles écoles s'achèvent, un hòpital se reconstruit, — la grande salle de gymnastique est aussi de théâtre et de danse; un cinéma est inauguré, dont le moteur fournit la lumière électrique à tout le poste ; — 12.000 litres d'eau sont journellement hissés sur le plateau, par un bélier de bon modèle ; — et les routes se réparent partout, s'allongent, s'allongent au point d'inquiéter les insoumis, — se heurtent déjà, au Sud, au massif trop escarpé du Lang Biang, — vont devoir, sans doute, s'infléchir vers l'Ouest un peu (Cambodge), pour éviter un chaos très-compliqué que ne peuvent guère démêler que les aviateurs. Pour que ceux-ci viennent là utilement, comme ils vont venir au Nord, entre Dakto, (dernier poste, 60 kil. N. de Kontoum) et Faifo (150 kil. encore environ) il faudrait que l'œuvre géographique, topographique, soit un peu militaire aussi, et surtout d'intimidation. Les gens là-dessous sont trop méchants, vraiment vilains, — créanciers de plusieurs leçons sévères, à leur donner d'abord. Cette fois Mr Sabatier (il n'est donc pas de parti-pris) ne les défend pas. Il apprécie justement ce que pourrait coûter, de braves gens sacrifiés, une avancée de route imprudente, et non préparée. C'est un arbitrage: quelques réfractaires Mnongs, irréductibles, à sacrifier, pour l'exemple, sauveraient plus du décuple de nos miliciens ou de nos terrassiers amis Rhadés. Et puis, sans une terreur préliminaire, que risquent d'être des survols bas, multipliés, qu'interrompraient un accident de moteur, une descente brusque, une chute malencontreuse ? Quel recul pour notre prestige ! L'avion doit être mis d'abord « Bête sacrée » devant les Sauvages, et cela, dans un tel pays, signifie « Bête méchante ». La théorie est si exacte, plaque si bien sur la réalité, qu'il vaut mieux pas d'avion du tout par là qu'un avion Bénisseur...... Il avalerait son goupillon ! (plus exactement, il en décrocherait son hélice !)

L'accès naturel, et de même le débouché du Darlac, sont assurés en ce moment par la route de 160 kilomètres, dont environ 60 en montagne, qui joint Ban mé thuot à Ninh Hoa, non loin de Nhatrang, en passant par le poste de M'drac, qui domine et surveille le défilé tournoyant. Cette voie prenait autrefois une huitaine de jours avec éléphants, qui sont bien la locomotion la plus lente du monde, cette grosse bête au pas normal, n'avançant à chaque enjambée que juste de la largeur de son pied de devant, et cela pas précipité. D'où du 3 kilomètres à l'heure, en plat. Maintenant les autos mettent cinq heures environt pour l'entier voyage, et le chemin est en amélioration continue sous l'active impulsion de Mr Dérémesse, inspecteur de milice de M'drac, — un remarquable « père de famille nombreuse ». — Mr Sabatier a obtenu que tout ce district de rattachement à la côte soit décroché de la province de Nhatrang et mis sous son autorité, ce qui signifie sous son activité, et sous sa surveillance. Il exerce ainsi librement la « défense d'entrer » principe de sa politique. Et le Résident de Nhatrang n'a pas à s'occuper d'un arrière-pays qui n'est pour lui qu'une impasse.

Y a t'il contradiction, — je ne le crois pas, — à comprendre Mr Fournier (Kontoum), et à encourager Mr Sabatier (Darlac) ? Les deux terrains sont différents comme les hommes, et comme les méthodes. Les chances, — et c'est l'essentiel, — sont égales d'intérêt, et de résultats possibles. Il n'y a qu'un peu de logique, et de volonté supérieure, à faire passer par là, — créant la Durée, puisque Mr Sabatier n'est pas Dieu, ni le Christ, ni même un apôtre certain de ses prosélytes.

Notre arrière-pays, ou, si vous préférez, notre Indo-Chine Seconde, est une belle leçon de choses. Qu'on regarde donc mieux de ce côté et bien vite, — dans un souci de réalisations fécondes, et généreusement françaises.

——o——

EPILOGUE

La sagesse est quelquefois entre les deux extrêmes. Elle y est même habituellement.

Et la thèse apparaît défendable alors, qui maintiendrait, durant *tout le temps utile*, la méthode « exclusive » Sabatier. Celle-ci donnerait ses résultats, matériels et moraux, d'affirmation et de consolidation de la race Rhadé mise en tête du progrès « sauvage ». Ce n'est pas seulement une nationalité, une cristallisation ethnique, une sorte de peuple élu entre les primitifs, que nous voyons naître, ce sont tous les indices que ce peuple peut grandir si on le laisse tranquille, si on ne trouble ni ne dévie une éducation bien commencée, qui est une adaptation prudente. L'expérience en vase clos, pourquoi pas? La stérilisation préalable du milieu infecté et infectable... Cela ne fait de tort à personne. — Un jour viendra .. que les barrières pourront s'abattre, s'abaisser au moins, et où les « extérieurs » trouveront à qui parler, économiquement, — moralement.

Ces extérieurs, — il n'y a pas tant d'années, — (Jaunes et... Blancs) ont fait leurs preuves, vilaines plutôt, qui justifient les méfiances et les précautions de notre « Sadet Rhadé ». Les laisser venir encore, et trop vite, sur une proie faible et de réduite pâture, c'est l'anéantissement peut-être, l'amalgame malencontreux tout au moins, qui annulera, dans leurs mérites personnels et leurs possibilités intéressantes, les Sauvages le plus aimables, quoi qu'on dise, et les mieux dignes de survivre.

Maintenant, — et c'est à noter, — les Rhadés n'ont pa supporté douloureusement, avec rancune, la première empris française, accompagnée de ses impedimenta forcés d'interprè tes et de... mercantis invérifiés, invérifiables. Henri Maître (1909), dans un chapitre « Chants et Folklore » nous donne quelques hymnes (« mun ») familiers, et de circonstance, caractéristiques, — encourageants à citer, — parce qu'ils indiquent plutôt la bienveillance et la surprise joyeuse que l'esprit de colère et de révolte :

« Les officiers sont venus à Ban Don pour conquérir le Darlac ; ils ont mis des fusils chez khun Yonob, et des révolvers chez Phet lasa ; miliciens annamites et nombreux soldats sont arrivés en même temps. Grands et petits doivent se soumettre et obéir à ces officiers. »

« En ce moment la Résidence s'est installée à Ban mé thuot ; dans le temps, sans papier, les Moïs pouvaient descendre à Ninh-Hoa acheter des provisions ; maintenant, pour en faire, il faut venir à la résidence demander un laissez-passer. Les fonctionnaires sont nombreux et nombreux sont également les Laotiens et les *Koula (Birmans)* venus pour se livrer à leur commerce ; nombreux sont les tamtams, les gongs et les fusils ; *toutes les routes sont améliorées*, celle de Ban Don, celle de Mébac et celle de Ninh-hoa sont bonnes ; *c'est une bonne époque. Les annamites sont également venus s'installer chez nous*. Chaque fois que les Moïs se réunissent pour boire, le résident leur donne de l'alcool et divers objets. L'eau de la source est claire ; claire est aussi celle de la rivière ; elles servent au bain de Mr le résident, elles donnent une bonne santé. »

« Dans le temps Mr le Résident Supérieur du Laos et le garde principal sont venus combattre les Moïs du Tak hak Mr le Commis a été envoyé dans la région de Ban Né et Mr le Commissaire s'est rendu dans la région de Ban Ngeuh, après l'opération ils se sont tous réunis à Ban mé thuot ainsi que les miliciens tous bien portants. Il y avait deux groupes d'hommes, l'un fort de trente personnes, l'autre de cinquante, et, après l'expédition, ils se sont également réunis à Ban mé thuot. *Le pays deviendra beau* parcequ'il faut construire pour ces fonctionnaires des maisons, des cuisines, des poulaillers et des porcheries ; les coolies annamites, laotiens, Koula et moï sont également nombreux, par conséquent *toutes les routes de la* province sont améliorées, et grâce à la propreté qui y règne, *la population sera bien portante.* **Tous les Moï des environs, voyant cela, sont fort contents.** »

« Treize coolies sont envoyés pour la construction de la route près du Krong hana, quinze près de Ya Kvang ; après l'achèvement de ces routes, les coolies reviendront à Ban mé thuot ; *ils sont tous bien portants.* Quand les fonctionnaires voudront se rendre sur la route de Bantang, ou à Ban Don, ils trouveront ces deux routes en bon état. A Ban mé thuot, il y a *plusieurs maisons qui sont belles :* autrefois c'était Kroum qui était le premier interprète de la résidence, maintenant c'est Kmau ; ces deux interprètes travaillent bien, ils sont estimés de Mr le Résident. Treize chevaux ont été donnés à l'interprète, quinze à Mr le garde pour aller surveiller les routes afin d'améliorer celle de Ban mé thuot. *Les miliciens savent donner du clairon,* c'est pour cela que tous les moï des environs *sont contents* de rester auprès de la résidence. »

Ces chants naïfs, de veillée près des foyers, lunaires, sont évidemment de composition spontanée, nationale Rhadé, mais notre propagrande, et notre auto-louange, n'auraient pu guère mieux les inspirer. Ils sonnent le contentement et la sympathie. Des routes meilleures, de la bonne eau, la santé défendue, le pays embelli, des maisons agréables à voir, un Résident à regarder vivre confortable, et même le charme attirant du clairon, — (qui rappelle la phrase de la princesse Palatine à propos de son mari, le duc d'Orléane : « Monsieur aim ait fort le bruit des cloches. »

Les annamites, eux mêmes, sont cités sans aucune amertume, et comme les bienvenus. Leurs abus ont pu se produire plus tard... .. Ils sont d'ailleurs mathématiques, congénitaux. Et ce sont des interprètes de cette race (des cambodgiens aussi) qui ont provoqué, ne l'oublions pas, l'assassinat d'Henri Maître —, demeuré, hélas, invengé.

Les Sauvages, — en général, — ont plus de détracteurs que d'apologistes, — Et en particulier les Malayo Polynésiens-Rhadés, du fait que Mr Sabatier les défend passionnément, sont soumis à des opinions très-sévères, qui les font des dégénérées, des syphilitiques, des suprapropres à rien, bref des sortes de tahitiens amoindris. Il n'est pas jusqu'à leur vanité, évidente dans les broderies rouges de leur costume (si l'on peut dire), qui ne leur vaille le reproche de ridicule fierté. Au fait, on les connaît mal, ou pas du tout. Ils méritent pourtant la bienveillance, au moins l'indulgence. Et le mieux est de revenir aux jugements de Henri Maître, qui n'en faisait ni des Saints ni des diables. Quel est le peuple au surplus, fût-il blanc, qui, trop gratté, ne prêterait à des critiques et à des blâmes, plus faciles encore à justifier ? L'opinion des missionnaires, des anciens résidents, des résidents actuels, enfin celle des quelques premiers colons, sont les seules bases d'appréciation que doive rechercher une monograpie conscie ncieuse sur ces Régions, où tout reste à faire au point de vu e économique et colonisateur.

On peut conclure : armons mieux pour la vie ces moïs naïfs, encore si près de la nature, les meilleurs pourtant de la collection. Nous n'avons pas à leur apprendre l'alcool (qu'ils connaissent déjà, mais bénin), ni le costume. (sans lequel ils sont si bien, mieux portants, et plus jolis) Nous avons à les socialiser davantage en les groupant, à les fixer mieux au sol, à les défendre des maladies (ambulances, hopitaux, dispensaires) à les instruire un peu... pas trop (écoles), à les multiplier (comme une sélection), à les enrichir par des cultures heureuses, que leur pays permet et conseille, — à en faire des commerçants raisonnables, doués de self defence, aussi éloignés du Mercantisme à subir que du mercantisme à commettre. (Et le mercantisme est tellement dans l'air,—avec des « Sauvages ») Tout cela réalisé à peu près, on pourra justement les estimer, les aimer même, (mais moins évidemment, que Mr Sabatier.)... Et ensuite : « Ouvrez les portes ! On peut causer ! Vienne qui veut ! Vienne qui plante, sur les terres disponibles encore ! » Et l'apôtre, à la bonne heure, aura quand même passé par là.

SOIR D'OPÉRA

Il est neuf heures ; la lune se débat, pâle encore, dans le ciel ronflant jusqu'à demain matin du grand vent froid qui vient de l'est, — vent de tempête, régulier dans cette saison, — dès le soleil tombé, — vent spécial au Darlac d'après les récits que j'ai lus, — et que je n'apprécie que médiocrement, trop frileux, encapuchonné dans ma pèlerine —

Et la fête peut commencer. Le Résident nous a fait appeler. On est prêt là bas. La salle de gymnastique est devenue de théâtre, avec sa large estrade au fond. Eclairage très-merveilleux pour le pays, d'une électricité encore à ses débuts. C'est le profit du moteur du cinéma, — tout récemment installé.

Le public, nu ou drapé des couvertures sombres du soir, est debout, compact, en avant du petit tréteau-mirador, où trois fauteuils sont en place. Le Résident, lui, nous quitte, et s'en va sur la scène faire le régisseur général, à droite au fond bien en vue : c'est que les gestes, les cadences, les chants, les danses, les manœuvres, les récitatifs, ont besoin d'être réconfortés sans cesse. Tout cet art est si jeune encore ! Et le livret doit être observé. Ce pays est celui de la discipline en tout.

Je suis entre « Le Colon », qui m'explique, et mon compradore Chinois bien content, dont la présence est un accident rare, presque un scandale, en ce pays très-fermé, tout-à-fait fermé pour les asiatiques jaunes.

L'orchestre, assez cambodgien de première vue, occupe la gauche de la scène. Et le chef de ballet, tête intelligente à moustaches, ex-bouffon des chorégraphies de Pnompenh, est assis, c'est à dire accroupi, un peu en avant. Quelque public encore par là, de Rhadés qui se considèrent mieux que la tourbe d'en bas : les places d'honneur !

Et l'on commence... — Sept ou huit danseuses, aussi cambodgiennes que possible dans leurs costumes, lèurs tiares et mokots, leurs démarches et leurs gestes, vont, viennent, défilent, se balancent, au son des gongs, des tambours, et du piano kmer. Ce n'est pas mal du tout, avec un peu de désharmonie dans les plastiques, variant de la petite fille à la presque grosse mère. Et l'éclairage au milieu en haut, pas encore au point, fait alterner pour nous les silhouettes sombres avec l'éclat complet des danseuses, quand leur défilé les amène au bord de la scène. Cet effet, anormal, n'est pas à regretter d'ailleurs, met l'ombre chinoise à côté de l'image nette et colorée. Le charme des oppositions !

L'histoire mimée là, entremêlée de réjouissances, c'est une guerre des Rhadés contre les vilains Djaraïs au Nord, événement historique et réel, magnifié par tous les arts combinés. Un vieux chef est amené, soutenu, tremblotant, bénisseur, aves un masque si blanc, de carton sans doute, à barbiche et cheveax de neige, qu'il en est impressionnant. Il exalte l'expédition qui s'organise — Des airs nationaux s'envolent aux sons clairs des gongs. Il y a des harmonies vraiment charmantes, et si « sauvages ». Le défilé, de guerre à présent, tourne bien des fois, — les danseuses d'abord, bres levés, faisant serpent cadencés, et puis de jeunes guerriers armés de sabres et de lances, qui ont fait tout à l'heure une entrée bondissante, comme d'un ballet Louis XIV, si sportive et jolie, — des élèves bien entraînés des écoles, évidemment, seulement plus vêtus qu'à l'ordinaire, avec des vestes de couleurs vives, dont ils doivent être fiers... La nudité nationale, sauf la petite ceinture minima, se retrouve avec les « éléphants », trois ou quatre, qui sont des Rhadés dont un vraiment grand, qui marchent à croupetons, genoux ployés, derrières remontés, le

« cornac » à cheval sur leur cou. Et l'illusion y est quand même, avec de la bonne volonté. Celle-ci s'exerce aussi pour deux tigres « artificiels », constitués par la fourrure des bêtes, jambes et queues flottantes, posée sur des artistes à quatre pattes : la peau des têtes, serrée d'un lien à la gorge reconstitue un monstre grimaçant suffisamment terrible, et cela se tient en avant, comme il convient. Des guerriers encore achèvent le cortège... On est parti Et voici la halte du soir, au bord de la petite rivière Ea ealéo, au clair de lune, (c'est là que j'ai déjené dans une sala). Le campement se pose. On se groupe autour du foyer central, comme il est de règle absolue. Les nuits sont fraiches. On bavarde. On chante. Quelques danses charment les heures longues... Mais il y a une alerte, de bêtes ou de gens .. Le désordre est vite apaisé. Les guerriers dorment étendus. Les éléphants doivent être entravés par là, pas bien loin. Les tigres, fidèles, veillent.........

Au matin la marche est reprise. Nous sommes bientôt devant le retranchement Djaraï, qui est un calicot blanc, tendu sur la porte du fond de la scène. Les guerriers font assaut, les lances en avant. Les gongs sonnent cristallement l'hymne de guerre de l'ennemi Djaraï, d'harmonie si caractéristique et qui porte à l'âme. Des coups de feu terribles mettent, à plusieurs reprises, en retraite sérieuse et précipitée, jusqu'au devant droit de l'estrade, nos braves Rhadés porte-lances. Il faut donner du mérite à la victoire...... Et puis c'est la mêlée, le corps à corps plutôt, mais schématique, en forme de ballet. Les chefs rhadés, qui sont les danseuses, faiblissent, en cadence, leurs genoux tendus portant pour chacune le pied d'un ennemi qui brandit sa lance, — « à la Parthénon ». Les deux tigres interviennent enfin : à chaque coup, c'est à dire à chaque strophe musicale, leur gueule irrésistible touche un Djaraï, qui s'en va rouler vers le fond droit à jambes rebindaines, mort ou n'en valant guère mieux. — Il n'en reste plus ! la victoire est acquise ! Et maintenant les fauves, — à la grande joie des assistants, — viennent mordre, et remordre, sans doute achever, leurs victimes, qui se rebiffent à membres échevelés ..... Tout cela, musiqué, chanté, balancé, discipliné, par le consciencieux résident, qui trouve qu'on est plutôt mou ce soir.

Le retour triomphal à Ban mé thuot reconstitue le même défilé qu'au départ, mais en allégresse musicale. Les danseuses, les guerriers, les éléphants, les tigres..... Impressionnant !. Et le vieux chef Rhadé, trop blanc, plus vieux, plus tremblotant, davantage encadré de ses femmes qui le soutiennent, arrive au milieu de la scène, pour expirer..... mais dans la joie .... On l'étend sur un tapis, on lui explique la victoire. Il n'y peut croire. C'est trop beau. Les éléphants, — (qui, je pense, font alors figure de butin de guerre). viennent le saluer, croupes relevées, a posteriori pour le publlic, (ah ! le grand gaillard à peau claire !) — Un éléphant Blanc ! Cette fois, le bon vieillard a compris l'apothéose de sa race. Il retombe content, mort !... On l'enveloppe de gestes rituels, et d'éventails. Mais des danses plus nerveuses, de réjouissance, terminent le spectacle, à cadence qui se précipite... Et les plus nobles assistants, près de l'orchestre, se redrapent et s'en vont.

Il reste à « encourager les artistes ». Le Résident appelle le chef de ballet, auquel je remets le don du « noble étranger », des billets qui seront mis demain matin en menue monnaie, pour une répartition équitable..... Qu'a t'il pu faire à Pnompenh, ce Cambodgien chorégraphe, — (qui me connaît, et me reconnaît sans doute,) — pour être ainsi venu jusqu'à ce lointain Ban don, à 40 kilomètres Nord ouest d'ici, au pays des éléphants, sur la frontière insoumise du Cambodge ? Le Résident l'a trouvé là, naguère, dressant discrètement (nostalgie !) quelques jeunes « sauvagesses » aux mystères des bras serpents, des genoux haut levés, des mains et des pieds flexibles, Il a été content de devenir, cet exilé, avec son embryon de corps de ballet, directeur de l'Opéra officiel Rhadé. Des élèves plus affinées se sont ajoutées, — de belles coiffures sont nées, clinquantes et dorées, des costumes éclatants et des sarrongs disparates...... Dans le même temps, — l'organe créant le besoin, — sous l'initiative experte du grand Sadet Blanc de la Résidence, renaissaient les légendes, les chants, les traditions, la fierté de la Race......

Et voilà où nous en sommes au printemps de 1924, — tout le monde content dans la capitale, à commencer par les touristes, friands d'impressions rares, inattendues.

——o——

(26 février 1924)

www.ingramcontent.com/pod-product-compliance
Ingram Content Group UK Ltd.
Pitfield, Milton Keynes, MK11 3LW, UK
UKHW022140260726
13993UKWH00005B/2067

9 782329 081564